SOLUTION

DE LA

QUESTION DE L'ALGÉRIE

ET DE LA TUNISIE

Au 1er Août 1881

POUR FAIRE SUITE AUX BROCHURES DE 1871 ET 1876 RÉUNIES

PUBLIÉES SOUS LE TITRE

LA VÉRITÉ SUR L'ALGÉRIE

Par Jules QUINEMANT

Lieutenant-colonel en retraite à La Rochelle (Ch.-Infre)

—

LA ROCHELLE

IMP. P. DUBOIS ET L. MEHAIGNERY, RUE CHEF-DE-VILLE, 8.

—

1881

APPENDICE

A LA BROCHURE DE 1876

LA VÉRITÉ SUR L'ALGÉRIE

AU 1ᵉʳ AOUT 1881.

Un nouveau lustre dont l'éclat n'a brillé que par les cinq années qu'il comporte, a passé sur l'Algérie depuis ma dernière brochure et il a enfanté le régime civil *pur*, dont est issu deux insurrections partielles dans l'auress et le sud oranais, avec un soulèvement général en perspective ; pas d'augmentation marquante de la population française ni accroissement sensible de la colonisation du sol, autrement que par l'*expropriation* dont le budget pourrait nous dire ce qu'elle a coûté ; et enfin, le protectorat de la Tunisie, en attendant l'annexion forcée, grosse de difficultés et de périls, à moins que nous ne laissions cette contrée livrée à l'anarchie : tous événements que ma brochure *avait précisément pour objet de conjurer,* quoique j'admette qu'à l'état actuel, l'influence italienne qui se manifestait si ardemment et si arrogamment, ne pouvait être tolérée plus longtemps, pour la dignité et la sécurité de la France en Algérie.

Mais, sans tenir compte des faits accomplis ni des orages qui s'amoncellent, et en dépit du peu de succès qui m'attend, je continuerai néanmoins, pour l'acquit de ma conscience, à donner, tous les cinq ans, des avertissements patriotiques à l'effet de prévenir les malheurs que l'occupation illimitée nous prépare ; et, pour faciliter ma tâche aujourd'hui, je me bornerai, comme point de départ de ma troisième période quinquennale, à reproduire un extrait de la lettre que j'ai adressée, à la date du 17 juillet dernier, à un haut personnage, bien en situation pour juger les affaires algériennes, me proposant d'envoyer un exemplaire de ma brochure, complétée par cette notice, à tous les membres du Gouvernement, dès la formation du nouveau Cabinet par suite des élections du 21 août.

En ce qui touche l'esprit de la brochure de 1876, je dirai qu'étant militaire par profession et par goût, tempéré toutefois par la soif de l'égalité et de la justice, et écrivant au point de vue social des Arabes qui ne prisent que *la hiérarchie et l'autorité*, je ne puis être qu'autoritaire ; et c'est dans cet ordre d'idées que j'avais adressé aux dix-huit rédacteurs des journaux de l'Algérie, la circulaire suivante, pour les prémunir contre tout parti pris et les mettre à l'aise quant aux opinions exprimées :

Alger, le 25 février 1877.

MONSIEUR LE RÉDACTEUR EN CHEF,

J'ai l'honnenr de vous adresser une brochure que je considère comme très sérieuse, en raison de la nouveauté des aperçus et de la hardiesse des expédients, laquelle est destinée aux personnes qui, de près ou de loin, s'intéressent à l'Algérie, ou sont désireuses de connaître ce qu'elle est, ce qu'on y fait, ce qui s'y passe.

Les colonisateurs en perspective et les colons à l'œuvre, — les gouvernants et les hommes politiques, — les militaires en activité et ceux retirés du service, — enfin, toutes les personnes qui font passer la Patrie en première ligne, sans passion ni parti pris, me semblent devoir tirer quelque fruit de sa lecture.

Vous reconnaîtrez, à première vue, que je suis conservateur par principe et autoritaire par profession : à ce double titre, il pourrait se faire que nous ne fussions pas en communauté d'idées, surtout à une époque où les opinions sont aussi variées que les figures ; mais il est un point commun qui doit nous rapprocher, en votre qualité de représentant de la presse algérienne : c'est le sort de la colonie subordonné à l'intérêt de la France.

Je vous ferai remarquer que la première partie, intitulée *Du Peuplement et de la vraie Colonisation*, pourra peut-être paraître un peu abstraite et ennuyeuse, à première vue, au lecteur *dévorant*, quoique ce soit, pourtant, celle qui prête le plus aux méditations, en prenant pour point de départ l'*intention*, par rapport aux faits accomplis.

Il pourra se faire, aussi, que quelques allégations courantes paraissent exiger des explications, si l'on ne tient pas compte que ce travail a été fait à plusieurs reprises, sans but déterminé, sinon une satisfaction d'esprit, et que le mot de la fin complète souvent celui du commencement, ce qui oblige de *lire jusqu'au bout* avant de soulever des critiques... C'est pourquoi j'ai cru devoir vous prémunir contre un jugement anticipé.

Or, si la réponse ne se trouve pas dans la brochure même, en dehors toutefois de la politique *qui ne convainct personne* et que je n'ai fait qu'effleurer dans ses rapports stricts avec le sujet traité, en stigmatisant l'arbitraire dans ses conséquences et ses excès, je ne me déroberai pas aux éclaircissements que nécessiterait ce qui vous semblerait erroné ou hasardé, et si vous jugiez à propos d'en entretenir vos abonnés, je vous prierai de m'envoyer le ou les numéros de votre journal où figurerait ce compte-rendu, afin que j'y réponde, s'il y a lieu.

Je serai également votre obligé si vous voulez bien insérer que cette brochure (in-octavo de 96 pages avec de nombreuses notes qui auraient augmenté le texte d'un quart), est en vente chez les principaux libraires de votre localité, au prix de 2 fr. 50 ; par la poste, 2 fr. 65 ; et à Paris, chez M. Challamel aîné, rue Jacob, n° 5.

Veuillez agréer, Monsieur le Rédacteur en chef, mes salutations empressées.

J. QUINEMANT,

Lieutenant-Colonel en retraite.

Or, la presse locale, inféodée à la politique désorganisatrice et dont le mot d'ordre consistait à saper le gouvernement civil, exercé alors par un militaire, n'a répondu que par des invectives, au lieu de se rendre compte de cette brochure où sont condensés, sous un petit volume, tant de questions et de faits intéressant la prospérité et l'avenir de notre colonie et pouvant avoir une influence directe sur les destinées de la patrie commune. En revanche, les approbations et les félicitations ne m'ont pas manqué, et je mets en première ligne, en raison de sa compétence intéressée, celles de M. le comte de Tourdonnet, grand propriétaire de la province de Constantine, et de quantité de généraux, de magistrats ou d'administrateurs connaissant à fond l'Algérie, ce qui me console de tant d'insanités auxquelles je n'ai opposé que le plus profond mépris.

Pour en revenir à la lettre qu'il s'agit de publier et qui n'est autre que la mise en œuvre des principaux faits et avis disséminés dans le corps de mon opuscule, — lesquels se trouvent confirmés en partie, dans leurs points essentiels et litigieux, par des rapports officiels parus depuis 1876 et aussi par *la Question algérienne*, brochure qui m'a été communiquée *après coup*, remplie d'indications précises, de renseignements utiles au point de vue administratif et de documents officiels, due à la plume d'un haut fonctionnaire qui n'a fait que passer aux affaires de l'Algérie et auquel on ne peut contester la compétence bureaucratique et le talent, ni la haute capacité administrative préfectorale, mais qui, à l'instar de tout Français n'ayant pas participé à la vie arabe, redevient le Roumi, que j'ai dépeint page 79, dès qu'il empiète sur le domaine de la société indigène dont il ne se doute nullement ; croyant qu'avec des institutions communales, faites pour les peuples assis et avancés, on peut plier, sans plus de façon, le musulman à la civilisation chrétienne, et l'amener, par des procédés municipaux, à l'émancipation, à l'identification et à la fusion ; — dans cette lettre, dis-je, je me suis borné à mettre en présence, sans discuter, les deux assertions fondamentales adverses, laissant aux *connaisseurs* le soin de juger si *la race arabe est assimilable* dans les conditions indiquées par l'ex-directeur général des affaires civiles et financières de l'Algérie — qui d'ailleurs a prudemment laissé à ses successeurs le soin de mettre en pratique ses élucubrations — ne retenant, pour ma cause, que les chiffres statistiques énoncés et l'aveu de l'impuissance de l'administration civile à coloniser l'Algérie avec l'élément français seul; que du train actuel il faudrait 500 années pour peupler le Tell, et qu'il serait téméraire d'espérer que *l'adoption de mesures plus libérales envers les émigrants français ou la conception d'un régime plus favorable aux colons* puissent modifier sensiblement cette situation. Donc, persévérer dans cette voie serait un leurre, ce qui m'octroie un commencement de satisfaction, en attendant que le temps ou les événements me donnent raison complétement.

Cependant je ne puis laisser passer sous silence l'allégation de M. le préfet du Loiret, attribuant l'insurrection de 1871 « aux effroyables opérations usuraires auxquelles a donné lieu la famine de 1867 et aux dettes de Mikrani » (qui ne les avait sans doute contractées que pour nourrir son peuple). Sans tenir compte de ce que ce prince arabe, qui prétendait descendre des Montmorency, de Kalifat de la Medjana et du Hodna qu'il était, se trouvait ramené, par l'institution du régime civil, au rôle d'adjoint-indigène, sous les ordres du maire de Sétif, un *mercanti* !..... L'on ne saurait donc trop se pénétrer que tant qu'il y aura de ces « grands seigneurs de la tente », de noblesse militaire ou religieuse, il faudra s'attendre à des insurrections qui se manifesteront par le fer, tant qu'ils se croiront forts et que la boîte d'allumettes remplacera le fusil, comme je l'ai fait pressentir page 94, avant qu'ils ne se résignent, en bons mahométans, à « baiser la main qu'ils ne peuvent couper », ou, autrement dire, ils subiront notre domination, mais ils ne l'admettront jamais franchement, parce qu'ils ont le Sahara et les Etats limitrophes islamiques pour refuges.

M. Regnault qui a montré beaucoup de franchise en bien des passages de sa brochure — dont les trois quarts et principalement les chapitres 7 et 8 tout entiers auraient d'autant servi ma cause qu'ils condamnent la sienne — aurait pu nous dire que la Kabylie étouffe déjà sous l'usure, depuis l'érection, datant de moins de quatre ans, de nos tribunaux civils, qui sont la sauvegarde et les auxiliaires inconscients des Juifs et des hommes d'affaires, qui s'attachent à leurs pas comme les vautours à la suite des armées. Mais, chut! c'est du régime civil ça !... Hé ! moi je ne veux ni du régime civil ni du régime militaire, et je vais essayer de mettre tout le monde d'accord en se ralliant à mon projet; pour cela il suffit que la politique *nationale*, telle que je l'ai décrite au bas de la page 15 (1), prime l'intérêt parti-

---

(1) L'auteur fait remarquer que toutes les paginations indiquées se rapportent à sa brochure de 1876.

culier ou l'esprit de parti : c'est bien simple, et **pourtant** tout est là.

Voici du reste la lettre-programme en question :

La Rochelle, le 17 Juillet 1881.

Accusé réception le 7 août.

Monsieur,

En vous envoyant une brochure sur l'Algérie, je n'ai pas la prétention de rien vous apprendre.....

Quoique cette brochure date de 1876, *elle est et elle restera d'actualité*, tant qu'une réorganisation, dictée par le patriotisme, les aspirations et les besoins bien entendus du pays, en dehors de tout intérêt politique ou privé, ne sera pas provoquée par une voix autorisée qui saura dire au Gouvernement, sans restriction, la vérité sur l'Algérie et les dangers qu'elle fait courir à la mère-patrie..... Et c'est pour vous aider à démêler la complexité du problème national sur le gouvernement qui convient à notre grande colonie africaine, que je prends la liberté de vous adresser cette brochure et ces quelques observations qui ont pour objet d'attirer votre attention sur son contenu.

La seule faveur que je vous demande, c'est d'avoir la bonté de lire cet opuscule jusqu'au bout, sans négliger les préambules qui vous expliqueront la marche suivie, et de tenir compte, aussi, des annotations et *des diverses dates*.

La première partie pourrait paraître abstraite et rétrospective à un lecteur ordinaire ; mais il y a des appréciations et peut-être quelque chose à retenir, pour un observateur consciencieux.

Quant au régime civil *pur*, je le considère comme prématuré et par conséquent n'ayant pas sa raison d'être, tant qu'il ne sera pas possible d'appliquer les trois points suivants :

1º ASSIMILATION COMPLÈTE : Ce qui exigerait des lois qui puissent s'adapter à toute la population et des charges telles que les contributions directes et indirectes, les octrois et les divers impôts qu'on paie dans la mère-patrie; et enfin l'établissement du cadastre, opération lente et difficile dans un pays naissant, où les colons ont besoin d'être subventionnés, au lieu de payer l'impôt foncier.

2º EXTENSION DE LA COLONISATION : Impossible, *puisqu'il n'y a plus de terres disponibles pour cet objet* et que l'expropriation, très onéreuse et dangereuse même, enlève à la terre de *véritables Colons* indigènes, qui la peuplent, la cultivent et paient régulièrement leurs redevances, pour les remplacer par des Européens. non nationaux pour la plupart, qu'il faut aider, entretenir et protéger, lesquels, néanmoins, ne réussissent pas généralement.

3º CONSTITUTION DE LA PROPRIÉTÉ INDIGÈNE : Utopie vis-à-vis des Arabes, *nomades par nécessité*, et qui ne peuvent vivre cantonnés, sur un terrain déterminé, à cause des sources et de la température qui les obligent d'occuper alternativement, selon les saisons, les plaines ou les plateaux, pour la nourriture et la conservation du bétail ; les bas-fonds ou les éminences, selon qu'ils ensemencent, moissonnent ou dépiquent ; de camper d'une façon particulière, excluant la permanence, pour l'hygiène, leur sécurité et la préservation des animaux ; et aussi de s'éloigner à de grandes distances de leurs cultures, pour fuir les neiges ou abreuver leurs troupeaux.

Toutes ces difficultés ont été énumérées d'ailleurs dans le corps de ma brochure et principalement sous la forme de *maximes,* page 75 et suivantes, à une époque où j'étais loin de m'attendre à ce que le népotisme et les exigences *représentatives* de la politique républicaine auraient déterminé si promptement la phase critique *prévue,* ce qui me dispense de plus amples détails ici.

En ce qui concerne le régime civil, j'affirme qu'en 1877 M. le général P....., commandant une subdivision de la province d'Alger, avait été sollicité par les principaux colons et indigènes de son commandement, de transmettre à M. le Gouverneur général une pétition tendant à revenir au régime militaire, et qu'il n'avait pas voulu donner suite à cette proposition, « pour ne pas créer d'embarras au général Chanzy, en butte à ce moment aux déchaînements de la presse radicale, et pour un autre motif *tout intime.* » D'où je conclus que le régime civil n'est réclamé que par les agioteurs et les usuriers ; les administrateurs et bureaucrates ; les avocats et hommes d'affaires ; les journalistes ; les Juifs qui sont les sangsues de la colonie ; les déclassés et dévoyés des villes ; mais non par les vrais colons, *les ruraux,* les seuls exposés et intéressés à se prononcer sur cette question de principe d'autorité.

Or, avant d'aborder la constitution de la propriété indigène, — quand on discute encore si le titre doit être individuel ou familial, — il me semble qu'il serait rationnel de s'assurer, auparavant, des quantités de terres disponibles sur lesquelles les Arabes pourraient vivre, *eux et leurs troupeaux ;* et rien que par cette simple précaution, on reconnaîtrait bien vite l'inanité et l'impraticabilité de cette mesure saugrenue, quant à la masse de la population indigène, car il serait souverainement injuste, impolitique, *embarrassant surtout,* de ne pas les faire participer tous, sans exception, à cette répartition. Je dirai plus : c'est que l'indivision non-seulement est dans la nature des choses et du climat, mais encore était, sous les beys, la conséquence de la famine — qui se reproduit périodiquement, comme légende permanente des sept vaches grasses et sept maigres de la Bible, — et des épidémies, telles que la peste — retour de la Mecque — le choléra, la variole, qui décimaient souvent certaines tribus, lesquelles étaient alors complétées par l'excédant des autres, si bien que les terrains ne restaient jamais vacants, ce qui était de la bonne administration pour le fisc et la population. (Voir pages 13 et 44.)

Quant à l'expropriation, il n'y a qu'à se référer à l'opinion d'Ali-ben-chérif, kalifat de la grande Kabylie, disant en plein Conseil général à Alger, en 1877, « qu'il était *effrayé,* pour son » compte, de la manière dont nous procédions en Kabylie, en » expropriant des douars entiers pour l'extension territoriale de » nos villages. Vous avez établi, dit-il, votre colonisation sur des » terrains séquestrés ? Soit : c'était le droit de la guerre ; mais » vous pensez, peut-être, qu'en payant trois fois plus cher qu'il » ne vaut, un terrain qui n'est détenu, en somme, qu'en vertu » de l'adage de législation romaine : *Primo occupanti,* vous êtes » dans votre droit et quitte ? Détrompez-vous ! Ce Kabyle n'a » pas besoin d'argent, mais bien du sol sur lequel ont vécu ses » ancêtres et auprès desquels il veut être enterré ; et en agissant » de cette façon, vous vous préparez des haines et des vengeances » contre lesquelles je dois vous prémunir, comme je l'ai fait déjà » en 1871, ce qui ne m'a pas empêché d'être condamné, commué, » puis gracié, et me procure, en définitive, l'honneur d'être » parmi vous aujourd'hui. »

M. le général V..., que j'entretenais de ce système d'expropriation, en faisant observer que les indigènes, séquestrés ou expropriés, restaient les fermiers des Européens qui ne pouvaient tirer parti de leur terrain, ni de la récolte, sans leur participation, et qu'à un moment donné, ces colons étaient exposés à avoir le cou coupé par ces serviteurs indigènes, le général, dis-je, a bien su me dire, en 1877, que « l'expropriation était effectivement intempestive, vu la fécondité humaine par suite de la paix, de la sécurité et du bien-être que nous procurions, par notre voisinage, aux Kabyles *qui sont déjà trop à l'étroit chez eux* », opinion qui m'a fait ressouvenir de celle exprimée en 1850 par le commandant Pellé, ex-chef de bureau arabe, et plus tard général, que « la guerre la plus terrible que nous aurions à soutenir serait celle de la possession du sol, qui suivrait celle d'occupation », et je ne sais pas trop si nous n'y sommes pas arrivés, avec le régime civil et la naturalisation des Juifs comme prétextes!

Ce qui est vexatoire également pour les Arabes, ce sont les charges qui incombent aux communes mixtes dans lesquelles ils sont englobés. En effet, pourquoi payer pour des écoles, un culte, des édifices dont ils ne font pas usage ?

En résumé, la France est, en Algérie, sur un volcan et à la

poursuite d'une chimère, qu'on appelle la colonisation, *sans terres disponibles ni colons français* ; prodiguant son or — qui serait mieux employé à s'établir solidement sur la côte — et le sang de ses enfants — dont on peut avoir besoin sur le continent — pour servir d'exutoire aux aventuriers étrangers qui sont en majorité dans la colonie, lesquels nous créeront plus tard, par leurs machinations brouillonnes ou de commande, des embarras internationaux, des conspirations locales pires que les insurrections des indigènes, avec lesquels ils feront cause commune, en cas de complications européennes.

Or, même après une insurrection générale *réprimée,* la solution la plus sage, à mon avis, serait encore de mettre à exécution, sans transition, le plan à l'anglaise, ébauché par la note *captieuse* insérée au bas de la page 45 de cette brochure, et cela pour éviter des malheurs peut-être irréparables, par la suite, avec l'occupation illimitée, le chapitre intitulé : *Conclusions nouvelles,* page 53, et qualifié de *replâtrage* à la page 89, perpétuant l'équivoque et l'instabilité dont il faut sortir à tout prix, mais en choisissant son heure.....

Nous avons l'occasion d'utiliser nos fautes : saisissons-la !

Recevez, etc.

Maintenant, pour ceux qui ne pourraient se procurer ma brochure — presque indispensable pourtant pour bien juger l'ensemble de la question — ou qui l'auraient égarée, voici la teneur de cette annotation, qui aurait besoin, cependant, de son corollaire pour être bien comprise, et qui correspondait à une phrase ayant pour objet un plan complet de colonisation mixte :

Nous y sommes et c'est le cas de dire qu'il faut fatalement y rester. Mais en présence de notre impuissance à cultiver et à peupler, il serait certainement plus prudent et plus prévoyant d'organiser l'intérieur à notre convenance, selon nos intérêts, et d'occuper les ports seulement, en nous assurant contre les ennemis du dehors et du dedans, comme je l'ai déjà dit en 1871, page 33, et en faisant dédommager les intérêts européens qui voudraient se retirer, par l'administration indigène qui y souscrirait de grand cœur, ce qui s'accomplirait en pleine paix, au lieu d'attendre une catastrophe, qui se produira tôt ou tard et qui mettra en péril bien des existences et des fortunes ; car si nous étions refoulés sur le littoral, il est évident que nous ne commettrions pas la nouvelle faute de reconquérir l'intérieur.

Par cet abandon, les Arabes n'auraient plus raison de nous en vouloir et ils nous connaissent assez pour savoir que nous sommes le peuple le plus juste et le plus sympathique et qu'ils ont besoin de nous, qui remplacerions avantageusement, auprès d'eux, pour les transactions commerciales, les Juifs dont nous nous trouverions bien embarrassés, ce qui ferait payer cher, à ces derniers, comme à nous, la sottise impolitique et arbitraire de les avoir naturalisés en masse, sans les avoir consultés, *ni la France.*

Supposons que quelque portion du territoire n'observe pas ses engagements ou ne veuille pas payer tribut : disposant de la mer et de la vapeur, il nous serait facile, en opposant les Arabes les uns aux autres, de razzier à fond les tribus récalcitrantes et de rentrer, aussitôt après, dans nos lignes.

Par ce sacrifice apparent nous préserverions les Arabes, faibles par leur peu d'homogénéité politique et territoriale, de la domination ultérieure des Américains qui les refouleraient, — des Anglais qui les pressureraient, — des Allemands qui les brutaliseraient, — des Turcs qui les opprimeraient, — des Espagnols qui les imiteraient — et des Italiens qui les macaroniseraient, tandis que nous les laissons faire et *poussons même la magnanimité jusqu'à les plaindre que nous soyons chez eux !* En outre, cette rétrocession conditionnelle enlèverait aux autres puissances la velléité de s'établir en Tunisie ou au Maroc et donnerait aux musulmans, en cas d'attaque, l'occasion et la force de faire nos affaires, en repoussant l'ennemi commun.

A ceux que cette perspective effaroucherait, je leur ferai remarquer que les nationaux vivent et sont parfaitement protégés dans les Etats barbaresques, à la condition de respecter les lois et les mœurs du pays ; que le droit des gens serait aussi bien observé en Algérie qu'ailleurs, et qu'enfin, s'ils n'étaient pas contents, ils s'en iraient : la liberté, quand on est chez les autres, consistant à trouver la porte ouverte.

Je ferai observer au lecteur que cette note, qui était en contradiction avec les trois premières lignes du paragraphe qui lui sert de repère, ne pouvait être qu'intentionnelle, sans quoi je ne lui aurais pas donné les développements qu'elle contient ; j'aurais craint, au milieu du calme dont jouissait l'Algérie, de troubler la quiétude par une mesure qui aurait semblé trop absolue pour le moment, et la presse, surtout, qui ne m'a pas ménagé les allusions blessantes sur ce point. C'était donc un ballon d'essai qui trouve sa raison d'être aujourd'hui.

Cette allégation de *colonisation sans terres disponibles ni colons français,* pouvant paraître outrecuidante ou excessive, j'en appellerai, *pour les terres disponibles,* à la Commission parlementaire instituée *ad hoc,* et dont le rapport a été déposé le 3 juin 1879 sur le bureau de la Chambre des députés, laquelle Commission a pu s'assurer : 1° que « les terres concédées aux » premiers colons ont été prises sur les biens du domaine (beylik), » ressource qui s'est peu à peu épuisée ; 2° qu'à la suite du » sénatus-consulte de 1863, il avait été affirmé qu'il existait » 900,000 hectares disponibles pour la colonisation ; qu'effecti- » vement il y en avait 882,000 sur les sommiers des domaines, » comme appartenant à l'Etat ; mais trois ans après, en 1866, le » Gouvernement reconnaissait que les 390,000 hectares situés dans » la province de Constantine et les 378,000 de celle d'Oran avaient » été concédés à des Arabes, et que les 110,090 de la province » d'Alger avaient été vendus aux colons, à bureau ouvert » : exposé qui ne m'inspire qu'une seule réflexion, c'est qu'il paraît extraordinaire qu'on ait procédé différemment, selon les provinces, pour l'aliénation des terres, et que, *dès 1866,* cette constatation ait été faite, ce qui aurait dû rendre inutile la formation de cette Commission. Mais passons.

La Commission ajoute que « les musulmans n'ont pas de
» noms patronymiques ni d'état civil ; que la polygamie ne
» permet pas de suivre toujours exactement la famille, et
» que la transmission de la propriété est très difficile, sinon
» impossible ».

Qant aux *colons français*, la brochure récente, intitulée *la
Question algérienne,* attribuée à M. Regnault, ancien préfet de
la Charente-Inférieure, ex-directeur des affaires civiles et financières de l'Algérie depuis peu, et dont le compte-rendu se trouve
dans un journal de la localité que j'habite, cette brochure, dis-je,
convaincra les plus incrédules sur ce point décisif. A cet
effet, ce haut fonctionnaire présente le dénombrement de la
population qui donne :

Français	160.000
Israélites naturalisés, dont il ne faut pas tenir compte	35.000
Indigènes de nos possessions.	2.000.000

ETRANGERS EUROPÉENS

Espagnols	95.000	
Italiens	40 000	160.000
Allemands, Anglais, Grecs, etc. . .	25.000	

TOTAL 2.355.000

Et il ajoute « qu'avec les 500,000 indigènes que renferme la
» région saharienne, cela fait, pour toute l'Algérie, une popula-
» tion qui n'atteint pas 2,900,000 habitants, sur lesquels 160,000
» Français seulement et autant d'Européens appartiennent à
» d'autres nationalités ».

Et moi je complète en disant qu'on ne fait pas figurer dans ce
chiffre, qui dépasse déjà de beaucoup la population *virile* française, celle flottante étrangère, telle que les Espagnols, les Italiens
qui viennent en Algérie, en automne, pour les travaux publics ou
ceux des champs, et qui rentrent chez eux en été, ce qui constitue une majorité de l'élément étranger sur celui national.

Je reprends la citation textuelle : « Ce chiffre de colons fran-
» çais est infime, si l'on considère qu'il y a tantôt cinquante ans
» que nous avons posé le pied sur le rivage africain ; l'émigra-
» tion actuelle est inférieure au chiffre de 3,000 colons. »

« En 1879 (après la destruction de la vigne par le phylloxera
dans le midi, fléau qui aurait dû faire affluer les viticulteurs en
Algérie), elle n'a été que de 2,340, dont il faut déduire 700
départs. »

M. Regnault explique ainsi qu'il suit la cause de cette abstention :

« Pourquoi notre pays fournit-il si peu d'émigrants ? Ce n'est pas,
» comme on l'a prétendu, que l'esprit de colonisation nous fasse
» défaut, mais le sol de la France est suffisant pour nourrir tous
» ses habitants ; le travail y abonde et, d'autre part, le partage
» égal du patrimoine entre tous les enfants a cessé de maintenir,
» dans les familles, la classe, jadis nombreuse, des déshérités :
» cet état de prospérité intérieure est la cause unique de nos
» habitudes sédentaires actuelles.

» Ainsi donc, *une première vérité s'impose aux esprits clair-*
» *voyants : c'est qu'il est impossible de peupler l'Algérie avec*
» *le seul concours des colons français.* D'un autre côté, *l'enva-*
» *hissement des Espagnols et des Italiens, qui tend à s'accen-*
» *tuer de jour en jour, ne pourrait que porter préjudice à*
» *notre prépondérance.* Reste, par conséquent, la question
» de savoir si l'élément indigène, huit fois plus considérable
» que toute la colonie européenne, est ou non assimilable,
» et l'auteur de la brochure *n'hésite pas à se prononcer pour*
» *l'affirmative.* »

Je ne suivrai pas M. Regnault sur ce terrain trop glissant.....
pour lui, et je répondrai par le premier paragraphe de l'avant-
propos de ma brochure de 1871 (page 11) — qui n'a pu être
écrite pour combattre un système qui a surgi dix ans plus tard
— et ainsi conçu :

Les Arabes ne sont pas assimilables ; leur religion, leurs
» mœurs *et le climat surtout qui les porte à être ce qu'ils sont*
» *et à vivre comme ils le font* (1) sont autant d'obstacles insur-
» montables pour notre civilisation. La vie militaire et les inté-
» rêts les rapprocheront momentanément de nous ; ils feront
» quelques progrès en agriculture et en industrie manufactu-
» rière, *mais l'identification ne sera jamais complète.* »

Et j'ajoutais en note au renvoi ci-dessus :

(1) « Si l'on veut bien méditer *ces quelques mots en italique* et considérer
› que l'espèce de communisme qui est imposé à la société arabe, par la nature
› des choses, leur laisse leur libre arbitre et de grandes libertés, tempérées
› par le code religieux qui leur sert de guide et de frein, l'on se rendra compte
› de la barrière qui les sépare de notre civilisation, dont les occupations
› multiples, la turbulence, les exigences et les dépenses ne seraient plus en
› rapport avec leurs ressources pécuniaires et intellectuelles et les éloigne-
› raient de la famille, de la vie contemplative et du *far niente* qui cons-
› tituent leur bonheur en ce monde. »

Je crois devoir aussi ajouter quelques explications à la note
de la page 45, en ce qui concerne la réorganisation que je pré-
conise, à l'exclusion de tout autre système.

Certes, si nous n'eussions pas occupé déjà le pays, connu ses mœurs, ses ressources et ses produits, la possession seule de la côte, avec prépondérance et action sur l'intérieur, aurait été une impossibilité ; mais au point où nous en sommes avec les indigènes qui ont pu apprécier notre force et notre intégrité et dont nous connaissons, en retour, le caractère, l'organisation intérieure et l'administration fiscale, et ayant à notre service les télégraphes qui sont les vraies vedettes pour éclairer le pays, et les chemins de fer, les meilleurs auxiliaires pour porter promptement une force sur un point menacé, pourquoi ne leur laisserions-nous point l'administration de leur territoire, en instituant des kalifats qui auraient sous leurs ordres les caïds et les cheiks *nommés à l'élection*, ainsi qu'un agha relevant de notre autorité, comme le kalifat, et faisant l'office de commissaire central pour la police et aussi de chef militaire pour la force armée à mettre à notre disposition, en cas de besoin ?

Nous exigerions *tant* de chaque cercle ou kalifat et la sous-répartition des impôts serait réglée par une Djemâa (espèce de Conseil général), avec le concours des autorités ci-dessus et l'adjonction d'un certain nombre d'indigènes nommés à l'élection.

Quant à la garantie des personnes et des propriétés européennes, elle est traitée tout au long dans le renvoi mis au bas de la page 14.

Les Arabes s'administreraient selon leurs coutumes, leur religion et leurs mœurs, et seraient jugés par leurs pairs, d'après leurs lois, la justice française étant *trop lente, trop formaliste et trop dispendieuse* pour convenir à leur statut, et nous n'interviendrions autant que possible dans leurs affaires que pour faire respecter nos nationaux et l'autorité, ainsi que j'ai déjà eu l'occasion de l'écrire, page 35.

Nos services administratifs, civils et militaires, seraient sur le littoral méditerranéen, et nous aurions, dans chaque casbah des points principaux de l'intérieur, une garnison suffisante pour la défense du poste, son rôle consistant à appuyer l'influence du *résident politique* appelé à surveiller le pays, ainsi que les faits et gestes des agents indigènes.

L'effectif de l'armée d'Afrique suffirait alors, et au-delà, pour maintenir le prestige et l'autorité de la France en Algérie ; relever fréquemment les détachements et parer à toutes les éventualités sans avoir à recourir à la mère-patrie ; et cela, en complétant au moyen des réservistes algériens les régiments de zouaves et *en faisant filer immédiatement sur le continent*, si nous avions la guerre, les trois régiments de tirailleurs algériens qui serviraient à encadrer les recrues qu'on pourrait faire parmi les indigènes, *par entraînement*; autrement, en cas de conflagration européenne, la France serait obligée d'immobiliser

100,000 hommes, constamment en échec, sans compter les difficultés de ravitaillement en temps de guerre.

L'état actuel de la Tunisie ne serait pas un obstacle à ce projet ; il en faciliterait au contraire la transition, puisqu'en maintenant le protectorat par l'occupation de quelques points et après avoir consolidé le pouvoir du Bey, cette contrée se trouverait, sauf quelques nuances, dans une situation presque identique à celle des autres parties de l'Algérie. L'épée de Damoclès disparaîtrait, et notre prépondérance autoritaire s'étendrait jusqu'à la région des sables.   ..

J'aurais encore bien des choses à dire et j'ai bien des démangeaisons... tant il ý aurait à disserter sur les propriétés melk, arch et les biens habou ; à faire ressortir la conséquence de la confiscation des terrains séquestrés, au point de vue juridique et du droit des gens ; l'anomalie du rachat des terres séquestrées, par les anciens détenteurs, au lieu de l'amende qui les aurait maintenus dans les positions antérieures et respectives, lequel rachat constitue un droit de propriété indivise, substitué à celui de jouissance séculaire, à maintenir, politiquement parlant ; l'injustice de l'expropriation et le contre-sens compromettant qu'elle consacre au profit des autres indigènes, en reconnaissant des droits contestables, sinon non existants ; à exposer l'intérêt politique et gouvernemental de la France à l'indivision de la propriété ; à prouver qu'après trois ans d'épreuves, chaque citoyen du contingent annuel d'émigration, *restant sur le terrain* en Algérie, coûte *plus de cinquante mille francs à l'Etat* ; à relever les contradictions de la « question algérienne », fruit du régime civil à tout prix, qui se manifeste en ce moment par le doublement de la représentation algérienne au Parlement, en attendant de nouveaux préfets, *aussi inutiles ;* et à donner la recette du plan de réorganisation indigène présenté et qui peut se traduire par « prenez mon ours ». Mais à quoi bon? Ce serait du temps et de l'argent perdus en répétitions, puisque ma brochure contient, en substance, les détails que je pourrais donner, et qu'il vaut mieux, en définitive, tâcher de couper le mal à sa racine, que de critiquer.

Cependant je ne puis qu'adopter la conclusion finale de cet écrit qui nous met d'accord *au fond* sur le but à atteindre, préférant pourtant les solutions que j'ai *précisées*, sans encenser le pouvoir, pages 36, 39 et 85 de ma brochure :

« Puisque le rang, la situation de la France, en Europe même, » peuvent un jour se trouver compromis par une conduite mal

» entendue de notre colonie algérienne, soyons attentifs et vigi-
» lants (moi, je dis : patriotes et sérieux). Jusqu'ici nous avons
» tâtonné, essayé tantôt une voie, tantôt une autre (et j'ajoute :
» entravé le présent et compromis l'avenir). Voilà cinquante
» ans que ces essais durent, il est temps de prendre un
» parti décisif (bravo ! bravo !) et de le suivre résolûment. Ce
» système a été nettement indiqué, dès la première heure, par
» des esprits clairvoyants, à la tête desquels se place le maréchal
» Bugeaud, consistant essentiellement dans la conciliation de
» l'intérêt bien entendu de nos colons avec celui des races indi-
» gènes ; il est le seul qui satisfasse à la justice en même temps
» qu'à la raison ; il n'est, si l'on peut ainsi parler, que la grande
» route du bon sens et de l'humanité. Que le gouvernement de la
» République s'y engage avec décision, et, à la gloire d'avoir
» réparé nos désastres (*boum-boum*), il unira celle d'ouvrir à la
» France des horizons encore pleins de grandeurs ! — Et je
» complète : de force et de sécurité. »

Au moment de mettre sous presse, je reçois la lettre ci-après,
que je recommande au lecteur comme *appréciation véridique*
de ma brochure de 1876, intitulée : *la Vérité sur l'Algérie :*

21 Août 1881.

J'ai l'honneur de vous accuser réception et de vous remercier de votre
brochure sur l'Algérie, que j'ai lue avec un intérêt d'autant plus grand
qu'elle se trouve, à l'heure qu'il est, toute d'actualité, et que la deuxième
partie semble avoir été écrite, non il y a 5 ans, mais plutôt à la veille des
événements actuels.

Il est regrettable qu'on n'ait pas mis en pratique les idées ingénieuses sur
la colonisation que vous avez émises en 1871, car de la mise à exécution de
ces projets, pouvait dépendre l'avenir de notre colonie : c'est une occasion
à jamais perdue d'entrer dans une ère nouvelle, avec des chances sérieuses
de réussite.

Quel que soit le sort réservé à cette terre africaine, que nous avons arrosée
de nos sueurs et de notre sang pendant plus d'un demi-siècle, vous aurez
toujours eu le mérite de parler avec compétence pour réclamer des réformes
nécessaires, signaler des abus et mettre en lumière tous les obstacles que
rencontre la colonisation. Puisse votre voix être écoutée !

Pour copie conforme :
J. QUINEMANT.

La Rochelle, imp. P. Dubois et L. Mehaignery